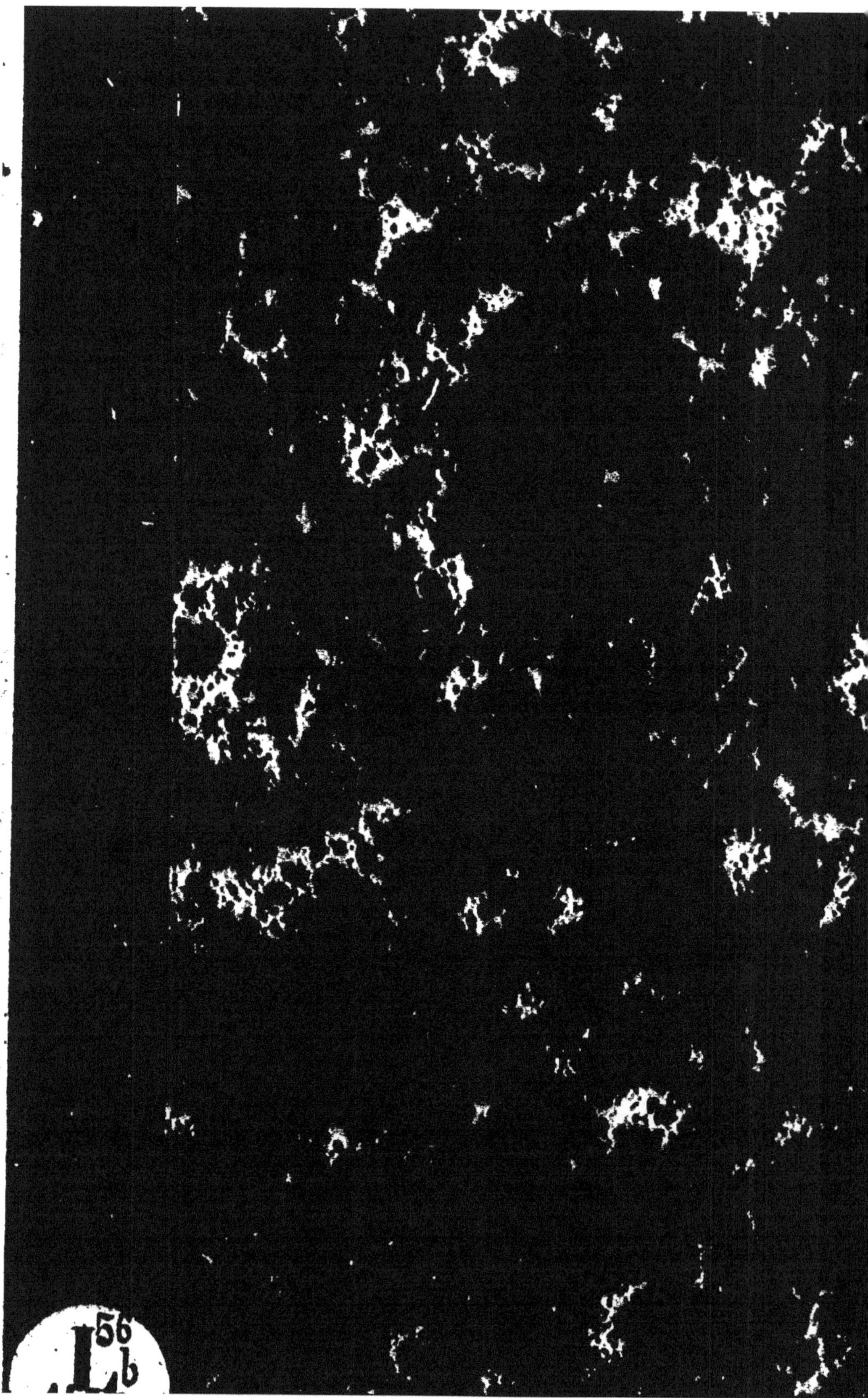

1487

PARIS ET ROME

Paris.—Imprimerie de Cosse et J. Dumaine, rue Christine, 2.

PARIS & ROME

LETTRE A MGR DUPANLOUP

A PROPOS DE SA BROCHURE

SUR LA CONVENTION DE SEPTEMBRE ET L'ENCYCLIQUE DE DÉCEMBRE 1864.

PAR

L.-V. GASNE

PRÉSIDENT DU TRIBUNAL CIVIL DE MONTARGIS.

PARIS

E. DENTU,	COSSE, MARCHAL ET Cie,
Lib.-Éditeur,	Lib.-Éditeurs,
Galerie d'Orléans, 17.	Place Dauphine, 27.

1865

PARIS ET ROME

LETTRE A MONSEIGNEUR DUPANLOUP, ÉVÊQUE D'ORLÉANS.

Montargis, 3 février 1855.

MONSEIGNEUR,

La religion et la liberté, les mains entrelacées, assistaient inquiètes et consternées à la lutte ardente, engagée en leurs noms, et qu'elles désavouaient l'une et l'autre ; elles attendaient le moment où elles vous verraient paraître dans ce qu'on a dédaigneusement appelé « la procession des évêques. » — Vous ne pouviez y manquer, Monseigneur, vous le plus éloquent défenseur des droits du saint-siége, mais pouviez-vous y venir pour maudire la liberté, vous son ami constant, lorsqu'elle ne se présente pas à vos regards, coiffée du bonnet phrygien ?... On se demandait ici avec inquiétude, et là avec malignité, si vous seriez pour Rome ou pour Paris, pour le moyen âge ou pour la civilisation moderne.

Vous avez paru, Monseigneur, comme toujours, avec vos armes brillantes, le front haut et visière levée. Ecartant d'une main sûre les joûteurs qui portaient des couleurs éclatantes ou sombres et des devises provocatrices, — sous lesquelles ils s'accusent réciproquement de vouloir conquérir tout autre chose que ce qu'ils demandent, — vous avez relevé et élargi l'arène. Les passions ont fait silence pour écouter votre voix autorisée, et votre brochure, dont on attendait un incendie, a produit sur ce foyer de disputes l'effet de la poudre : l'explosion l'a éteint !

On a compris alors, que vous étiez pour la sincérité contre l'équivoque, pour la modération contre l'emportement, pour le devoir contre les capitulations, pour la vérité contre l'erreur, et enfin pour le divin commandement, si souvent invoqué et si peu pratiqué : « Rendez « à César ce qui est à César et à Dieu ce qui est à « Dieu ! »

Je ne suis pas, — vous le savez, Monseigneur, — de « l'armée d'adversaires » que vous avez défiée en disant : « qu'ils en fassent à leur aise ! » Je suis de ceux qu'un conflit déplorable a émus et attristés ; mais je suis aussi de ceux qui pensent qu'il en est sorti et qu'il en sortira encore, pour tous, d'utiles enseignements. Je viens chercher, parmi les tristesses qui me restent, ce que j'appelle : les heureux résultats d'un conflit malheureux.

Comme vous, Monseigneur, je crois que l'acte pontifical ne peut être abaissé au niveau d'une représaille politique ; et, si l'on intervertissait les dates, je suis convaincu que vous vous refuseriez, avec moi, à voir dans la convention une réponse à l'encyclique. A ceux que des doutes, injurieux pour l'Empereur ou pour le Pape, arrêteraient encore, il faut répéter ces belles paroles sorties de votre cœur, plutôt que tracées par votre plume : « Pourquoi ne tâchons-nous pas, au milieu de nos que- « relles, de maintenir debout certains principes d'équité « naturelle, région supérieure et patrie commune des « honnêtes gens [1] ? »

Mais si les deux actes « ne sont et ne peuvent, comme « vous le dites, être rapprochés que par leurs dates, » j'accepte avec vous l'utilité de les examiner ensemble, dussent vos adversaires prétendre qu'à l'exemple de Sci- pion vous avez cru ne pouvoir sauver Rome qu'en por- tant la guerre à Carthage.

Qui suis-je donc pour intervenir à cette heure et que demandé-je?... Je suis la conciliation, et je demande la question préalable sur l'ordre du jour : *l'Église libre dans l'État libre*. Je la demande au nom de la religion et de la liberté que j'ai réunies dans une profession de foi de cinq cents pages, publiée il y a quelques mois [2], et, parce que je ne consentirai jamais à séparer ces deux cultes dans mon cœur.

[1] Brochure, p. 97.

[2] LA JUSTICE DE DIEU, 1 vol. in-8°, chez Cosse, Marchal et Cⁱᵉ, et chez Douniol. Juillet 1864.

Aujourd'hui, comme il y a trois mois :

Je crois que l'évangile est, bien mieux que la constitution de 1701, le code de la liberté, de l'égalité et de la fraternité ;

Je crois que l'église est libérale, amie du progrès et de la civilisation modernes ; qu'elle n'en réprouve que les erreurs, et qu'elle n'en condamne que les excès ;

Je crois à son autorité absolue en matière doctrinale ; je crois aussi à sa légitime intervention dans les lois des empires, — non pour les dicter, — mais pour y faire installer les principes éternels de morale et de justice qui doivent toujours les inspirer ;

Mais je crois aussi aux droits des consciences, ce qui n'est pas l'indifférentisme, mais ce qui est le respect de la dignité et de la responsabilité humaines, allié à une foi assez robuste pour ne redouter ni les rivalités ni les attaques ;

Je crois aux droits de la pensée, mais sans vouloir exposer la société aux provocations et aux outrages d'une presse irresponsable ;

Je crois aux droits des peuples et à l'indépendance des souverains, mais je ne crois ni à la révolte ni à l'absolutisme ;

Je crois enfin au devoir étroit et rigoureux de ne jamais séparer dans mes respects les deux autorités qu'on a vainement tenté de compromettre, et qui resteront unies malgré les efforts qu'on a faits pour les séparer ; je crois au devoir non moins sacré de ne jamais ni abdiquer ni aliéner les libertés que je tiens de Dieu, mais à la con-

dition de les exercer dans les sages limites que trace
ma conscience.

Tous ces sentiments, Monseigneur, sont développés
dans le livre que vous avez admis à l'honneur de prendre
place dans votre bibliothèque; Fidèle à ma foi religieuse
et politique je les maintiens.

J'espère, Monseigneur, qu'après cette profession de foi
vous ne me rangerez pas parmi « les docteurs qui parlent
de ce qu'ils ignorent. » Pour résumer un débat il ne faut
que de l'impartialité, et pour faire appel au bon sens il
suffit d'en avoir sa part. Mais si je désire n'avoir pas à vous
combattre, Monseigneur, j'aurai quelquefois le regret de
me séparer de vous. Magistrat, dévoué au Gouvernement
que je sers, je ne puis accepter les reproches que vous
lui adressez. Sans usurper la mission de le défendre, je
dirai donc ce qui le justifie à mes yeux. Alors, Monseigneur, je vous dirai à mon tour : « pourquoi ne tâchons-
« nous pas dans nos querelles de maintenir debout cer-
« tains principes d'équité naturelle, région supérieure
« et patrie commune des honnêtes gens. » — Ah ! si tous
les partis pouvaient ainsi s'élever devant Dieu ! — Si, au
lieu d'outrages, ils ne s'envoyaient que l'expression mesurée de convictions respectables ! combien il serait aujourd'hui facile de les réunir dans l'amour de la patrie !..
Mais on ne pratique pas cette justice du cœur, à laquelle
vous avez fait appel ! Et pourtant ! en politique, bien
plus qu'en religion, cette justice est nécessaire : car, si la
vérité éternelle brille dans les orages comme dans les
jours sereins, nos vérités de convention ne peuvent se

dégager de l'erreur que dans le silence des passions.

Je ne vous suivrai pas, Monseigneur, dans vos brillants développements, puisque je ne veux pas combattre et que je n'aurai pas davantage la témérité de vous appuyer. J'analyserai fidèlement, je citerai, je dirai oui ou non, selon mes convictions et je diviserai ma lettre sous ces trois titres :

1° L'épiscopat et le Gouvernement ;

2° La convention du 15 septembre ;

3° L'encyclique du 8 décembre.

Enfin, je conclurai aussi.

Je puis répéter dans cette brochure ce que je disais dans une autre, il y a six mois : « J'apporte mes convic-
« tions attristées, ma science insuffisante, et le calme du
« magistrat [1] » Si je me trompe on rendra justice à mes intentions ; je rétracte d'avance tout ce qui, dans l'expression de ma pensée, pourrait aller au delà de ce qui est dans mon cœur.

[1] Jésus-Christ dieu et homme, *réponse* à M. Renan, broch. in-8°, chez Cosse, Marchal et C°, publiée en mai 1864.

LE GOUVERNEMENT ET L'ÉPISCOPAT.

I

Il ne saurait me convenir, Monseigneur, ni de louer ni de blâmer ce qui se passe au-dessus de ma tête et de mes appréciations; il m'appartient de rechercher, dans ces régions supérieures, des explications pour ce qui m'étonne, des consolations pour ce qui m'afflige, et des espérances pour ce que je désire.

Que trouvé-je?...

Un acte souverain du saint-siége paraît à un moment inattendu, et, au lieu de calmer les passions, il les fait bouillonner. Le Gouvernement s'en préoccupe, délibère, et une lettre de Son Excellence M. le ministre de la justice et des cultes informe :

« NN. SS. les évêques que le Conseil d'Etat est saisi d'un projet de décret tendant à autoriser la publication de la partie de l'encyclique relative au jubilé;

« Le ministre fait appel à leur haute intelligence, pour comprendre que la *réception* et la *publication* du surplus du syllabus *ne pouvaient être autorisées :* « ces actes contenant des *propositions* contraires aux *principes* sur lesquels repose la constitution de l'Empire. »

Il les avertit qu'elles ne pourraient être imprimées dans les *instructions aux fidèles.*

Enfin, le ministre fait appel à la sagesse de l'épiscopat pour recommander au clergé de s'abstenir, en cette circonstance, de tout discours qui *prêterait à des interprétations regrettables.*

A cette lettre ferme autant que mesurée, dont pas un mot ne dépasse la limite, dont la substance a sa justification dans nos lois, dont l'envoi a son explication dans les circonstances où elle paraît, et dont le but est clairement expliqué, qu'a-t-il été répondu ?

Il est parti, de tous les diocèses de l'Empire, des protestations et des cris de douleur, mêlés de violences et d'amertumes, dont le zèle apostolique peut expliquer les écarts, mais dont les hommes sages de tous les partis ne peuvent que déplorer les emportements.

Vous avez vous-même, Monseigneur, classé et séparé ces réponses, en disant :

« Je ne m'étonne pas qu'un certain nombre de
« mes collègues (ce nombre se réduit à deux) aient
« cru devoir passer outre.

« Je ne m'étonne pas que d'autres évêques (vous
« auriez pu dire tous les autres) aient protesté par
« des lettres dignes et graves. *Je les remercie de ces*
« *protestations et je m'y associe hautement*[1]. »

Je souligne cette phrase, Monseigneur, car il n'a échappé à personne, et je suis heureux de le constater, que si la conduite des premiers *ne vous étonne pas*, vous ne *remerciez* que les seconds et vous ne vous *associez* qu'à ceux-ci.

J'ai entendu autour de moi conclure de là à un blâme implicite. Vous n'avez eu, Monseigneur, ni ce droit ni cette intention. On se serait épargné cette fausse interprétation si l'on avait remarqué, comme elle devait l'être, la phrase où, les yeux fixés sur la poursuite comme d'abus, vous laissez tomber de votre âme ce double regret : « Deux
« grandes choses sortent toujours blessées de ces
« combats malheureux ! »

Oui, Monseigneur, ce sont de malheureux combats, car ils sont meurtriers et inutiles. Les hom-

[1] Brochure, p. 9.

mes qui n'y voient qu'un vain appareil judiciaire n'en ont compris ni les périls ni les résultats. Ils ignorent que la majesté de la justice ne se mesure pas à la profondeur des blessures que fait son glaive; ils ignorent que la dignité épiscopale peut s'écouler, comme l'honneur, par une égratignure, et qu'elle doit, comme l'honneur, rester intacte ou périr! Qu'ils regardent et qu'ils écoutent ceux qui disent : « *C'est peu de chose!* » et ils verront que ces *peu de chose* sont classés au casier judiciaire de l'opinion publique, qui nomme les récidivistes et ne leur épargne pas les sévérités !

Quant à ces « logiciens libéraux » — dont vous signalez les inconséquences, — s'il en est qui voudraient abolir la peine de la loi de l'an x, pour faire revivre les sévérités du Code pénal, qu'ils sachent que le Code pénal ferait des martyrs et que la loi de l'an x fait des rebelles! qu'ils lisent ensuite l'histoire de l'Église et ils cesseront de croire à l'efficacité des supplices, là où l'Église croit cueillir des palmes.

Pour moi, Monseigneur, qui voudrais couvrir ces écarts de zèle du manteau de la liberté et les excuser aujourd'hui par un grand mot, dont on abuse si souvent! je m'afflige en entendant rappeler que le *devoir* ne peut être autre à Besançon et autre à Rouen, autre à Moulins et autre à Orléans ! — Je m'afflige d'entendre opposer cardinal à cardinal, archevêque à archevêque et évêque à évêque, en attendant, peut-être, qu'on puisse opposer curé à curé et desservant à desservant ! — je m'afflige de voir que, pour deux exceptions, l'unité, qui partout fait la force et surtout dans l'Eglise, ait été brisée ! — je m'afflige de voir la loi, que je suis habitué à placer au-dessus de tous les outrages, souffletée par des mains qui portent l'anneau du pêcheur ! — je m'afflige de voir des évêques, qui enseignent tous les devoirs, résister ouvertement aux ordres du Gouvernement de leur patrie, et des missionnaires de paix venir lui apporter la guerre ! — je m'afflige, enfin, de ce déplorable conflit qui met aux prises deux autorités que je réunis dans mes respects ! Ah ! Monseigneur, que vous avez raison de déplorer « ces combats malheureux » et leurs résultats quels qu'ils soient !

On invoque le *devoir professionnel ?...* on prétend qu'il doit l'emporter sur tous les autres?... Je sais aussi, Monseigneur, tout ce qu'il y a d'impérieux, de difficile et souvent de douloureux dans ces mots ; mais je nie que pour y satisfaire on soit jamais obligé d'oublier d'autres devoirs qui nous lient. Dieu ne nous soumet jamais à ces redoutables épreuves, que l'humanité ne pourrait supporter. Pour qui cherche ses devoirs dans une conscience calme, il est facile de les concilier; je n'en veux pour preuve, ici, que la circulaire de Son Eminence M^r le cardinal de Rouen. Ne réserve-t-elle pas tous les droits en respectant toutes les convenances?... N'allie-t-elle pas les devoirs de l'évêque aux devoirs du citoyen?... Pourquoi cette mesure sage n'a-t-elle pas été acceptée partout?... On aurait gardé pour des heures moins agitées les enseignements « qui « demandent du temps, du discernement, du tact « et de la prudence[1], » et, sans différer la communication que le Gouvernement a laissée libre, on se serait abstenu de celle qu'il a cru devoir empêcher. Tout ce qui est digne de respect aurait été respecté! Pourquoi ne l'a-t-on pas voulu?...

II

Après ces tristesses, Monseigneur, que trouvé-je?

Je trouve, ainsi que vous le dites, « des lettres dignes et graves, des protestations et des douleurs.. »

[1] Circulaire de Monseigneur Bonnechose, 22 janvier 1865, publiée dans la *Gazette de France* du 30.

Je ferai la part des douleurs : rien n'est plus res-pectable que les cris des cœurs blessés, même quand ces cris semblent être exagérés. A qui appartient-il donc de dire : vous vous plaignez sans mal ! et qui peut mesurer la plainte à celui qui souffre ? — Je réserve ces blessures, Monseigneur, non pour les élargir, mais pour y répandre ce qui peut les fermer, ou du moins les adoucir.

Je passe aux protestations.

Adressées au ministre, les protestations, qu'on l'ait voulu ou non, visaient plus haut. Elles s'adressaient à la loi et au pouvoir exécutif, seul responsable aux termes de la Constitution :

A la loi, pour signaler ce qu'elle paraît avoir d'incompatible avec la liberté de l'Église ;

Au Gouvernement, pour lui rappeler des temps meilleurs, dont le chef de l'État se félicitait solennellement en 1858, et pour lui reprocher de s'être départi de cette tolérance libérale.

Je ne puis, Monseigneur, m'associer à ces reproches, quelque adoucie et respectueuse qu'en ait été l'expression, mais je m'associe pleinement aux voix qui s'élèvent de toutes parts pour solliciter la révision des lois qui ne paraissent plus être en harmonie avec notre époque. Je fais cependant des réserves, que j'expliquerai tout à l'heure, quant à leur exécution.

Vous demandez la pleine liberté de l'Église !.. Qui donc aujourd'hui ne la demande pas ? Que d'encre et de papier perdus, pour résoudre un problème qu'à défaut du sentiment chrétien le bon sens dénoue facilement ! Est-il possible de méconnaître que Jésus-Christ aurait inutilement apporté la lumière au monde s'il n'eût pas donné à ses apôtres la mission de la répandre ? Est-il possible de contester qu'elle serait inutile encore si les douanes des empires pouvaient l'arrêter aux frontières, ou la saisir à l'intérieur, à moins qu'elle ne consentît à payer des droits à l'erreur?

Vous voyez, Monseigneur, que je ne marchande pas les concessions. Je ne m'explique les traditions séculaires de l'ancienne monarchie et la fameuse déclaration de 1682, que par les souvenirs des prétentions théocratiques du moyen âge, ou par des empiétements que nous n'avons plus à redouter. Je crois que, dans l'état de nos mœurs, ces excès sont condamnés à l'impuissance ; je crois que l'absolutisme, de quelque part qu'il vienne, doit se résigner à la retraite, à la défaite, ou aux concessions.

L'*exequatur* peut donc me paraître aussi inutile à la tranquillité des États et à l'indépendance des trônes qu'il vous paraît blessant pour le pouvoir spirituel. Je ne crois pas me tromper en disant qu'aujour-d'hui la presque unanimité des hommes capables de comprendre ces questions et désireux d'éviter « des combats malheureux, » sollicitent de la sagesse qui nous gouverne la révision des lois vieillies, qu'il faut reléguer parmi les armes rouillées, dangereuses et inutiles. Reposons-nous avec confiance, Monseigneur, sur les conseillers de la couronne et sur la haute intelligence qui préside à leurs délibérations.

Nous sommes sujets, en France, à des cauchemars intermittents et chroniques de toutes couleurs, et je ne serais pas surpris qu'un de ces hallucinés, en proie au cauchemar noir, s'écriât : « Supprimer la loi de l'an x ! y pense-t-on ! Où en serions-nous si le Gouvernement avait été désarmé devant l'encyclique ! Veut-on nous livrer sans défense aux manœuvres ténébreuses et à l'audace sans bornes du parti prêtre ?... »

Si j'étais médecin, j'ordonnerais des douches à ce malade. Je n'en ai pas le droit et je me borne à lui souhaiter une dose ordinaire de bon sens. Pour y contribuer je lui dirai :

Si la loi de l'an x eût été abrogée, le Gouvernement n'aurait pas eu à l'appliquer. L'encyclique aurait été publiée partout et elle eût produit partout le même effet que dans le diocèse de Moulins. Je ne sache pas que les autorités, depuis le préfet jusqu'au garde champêtre, y aient baissé, ni que les institutions impériales y soient moins vivaces dans les cœurs qu'auparavant.—Admettons que ce fût le contraire dans telle éventualité que vous pourrez rêver. Supposons que les consciences troublées s'agitent et que le désordre éclate : le Gouvernement sera-t-il désarmé? Ah ! que vous connaissez mal nos lois ! Rassurez-vous ! nous en avons pour tous les besoins et peut-être au delà ! Ce qui nous manque, ce ne sont pas les lois répressives, c'est ce que les Anglais pratiquent, et ce dont les Français se contentent de parler : c'est le respect de l'autorité et de la légalité !

Est-ce à dire qu'il n'y ait qu'à gratter la loi de l'an x et le concordat pour que tout soit pour le mieux ?

Est-ce à dire qu'il faille proclamer : — *l'Eglise libre dans l'Etat libre*, et ne plus s'en occuper?

Est-ce à dire qu'en attendant l'abrogation qu'on peut désirer, les lois doivent être méprisées, ou tout au moins oubliées ?

Est-ce à dire que le Gouvernement ne soit plus juge des nécessités sociales, et ne puisse plus, selon les temps, prendre des mesures d'ordre?

Est-ce à dire que, trop prompt à s'alarmer, il ait, dans cette circonstance, pris des mesures regrettables et sans nécessité ?

Veuillez, Monseigneur, entendre un mot de réponse à chacune de ces questions.

III

Autant je suis convaincu que la liberté *sans frein* ne saurait convenir à l'état social, autant je crois que la liberté *sans entraves* est indispensable aux deux grands pouvoirs, dont les domaines se touchent, et ne sauraient, quoi qu'on fasse, être jamais confondus. Si on me demande où sera le remède en cas d'usurpation de l'un ou de l'autre, et qui sera juge du débat ? Je répondrai d'abord que pour certaines maladies le remède est dans l'impuissance du mal ; et que la théocratie, dangereuse autrefois, est désormais sans péril. Qui donc aujourd'hui pourrait s'alarmer sérieusement des tentatives d'un autre Hildebrand pour transformer la crosse d'un pape en sceptre universel, et revendiquer le droit de commander, du haut du Saint-Siége, aux rois de s'agenouiller devant lui, pour recevoir ou déposer leurs couronnes ? Les rois s'agenouillent encore à Rome, mais pour y recevoir des bénédictions ; c'est là où les deux juridictions se rencontreront désormais sans jamais se heurter. Si quelques Epiménides, qui s'obstinent à dormir, peuvent caresser de vieux rêves, devons-nous en accuser des gens parfaitement éveillés et qui suivent le mouvement du siècle, mais sans vouloir se laisser emporter à toute vapeur vers des précipices qui les épouvantent? Non, cela n'est pas sérieux.

Je dirai ensuite à ceux qui veulent absolument un tribunal des conflits au-dessus des papes et des rois, que ce tribunal existe. Ce tribunal, Monseigneur, est celui devant lequel vous venez de plaider avec tant d'éloquence et à qui l'épiscopat tout entier a porté ses plaintes et ses requêtes; ce tribunal s'appelle L'OPINION. Choisie par les mandataires et les défenseurs du pouvoir spirituel, cette haute juridiction ne sera pas déclinée par le dépositaire vigilant du pouvoir temporel; il y a longtemps que Napoléon III a dit : « C'est l'opinion qui juge en dernier ressort. »

IV

Aujourd'hui, éclairés ou effrayés par l'expérience, des esprits sages et des esprits aventureux, des intelligences élevées et des intelligences obscures, voudraient nous rallier sous ce drapeau menteur : « *l'Eglise libre dans l'Etat libre.* » Les uns cachent, et les autres ne voient pas qu'il est écrit derrière : « *l'Eglise abandonnée et oubliée aans l'Etat indifférent d toute religion,* » et au-dessous, en carac-

tères microscopiques : *le code du matérialisme!* —
Je ne veux de cette liberté ni pour l'Église ni
pour l'État; je vois où elle conduit. Je ne veux
pas de la liberté qui les sépare; je veux de la liberté qui les unit. Cette liberté n'est pas encore
l'étroite solidarité formulée autrefois dans cette
devise entrelacée : *l'Autel et le Trône;* j'ai dit ailleurs « qu'elle avait perdu le trône et qu'elle aurait
perdu l'Église, si c'eût été possible[1]. »

Les libres penseurs s'écrient maintenant : « laissez passer les encycliques, mais que ceux qui
vont à la messe la payent. » — Est-ce que les
Français, qui n'ont jamais vu les merveilles de la
capitale, n'ont pas contribué à ses embellissements?
Est-ce que les légitimistes et les républicains ne
contribuent pas à la liste civile de l'Empereur ? En
vérité! plus on écoute et moins on comprend, car
plus on dispute et plus on se jette dans la confusion. Je ne puis donc, lorsque je lis les craintes, les
espérances, les rêves et les projets qui passent des
cervelles dans la presse, que répéter : « Reposons-nous avec confiance sur la sagesse qui nous
gouverne. »

[1] Voy. DE LA JUSTICE DE DIEU, p. 317.

V

J'ai fait des réserves, Monseigneur, sur l'exécution ou la non-exécution des lois vieillies ; je m'explique :

On dit : « quand on n'abroge pas les lois vieillies, il faut les laisser tomber en *désuétude*. »

Je ne comprends pas ce mot souvent prononcé devant moi.

La désuétude, Monseigneur, est une prescription commode pour l'arbitraire, mais elle n'est, heureusement, écrite nulle part. Je n'admets donc contre les lois vieillies, d'autre tempérament que la sagesse des autorités chargées d'en assurer l'exécution. Ah ! Monseigneur, ne demandons jamais qu'un ministre, quel qu'il soit, puisse laisser sommeiller les lois ou les réveiller à son gré ! Cet arbitraire, décoré du nom de légalité, n'est pas meilleur pour le pouvoir que pour la liberté.

La doctrine que je combats a encore l'inconvénient d'arrêter le progrès, car si la loi de l'an x avait toujours été appliquée, il y a longtemps qu'elle n'existerait plus. On aurait plus tôt compris ce qu'on comprend aujourd'hui, et le législateur aurait avisé.

Est-ce à dire qu'à tort et à travers le Gouvernement, toujours armé de la légalité, n'ait aucun pouvoir d'appréciation ? Ce serait une hérésie politique.

Oui, le Gouvernement a pu, pendant douze ans, oublier la loi de l'an x et le concordat ;... oui, il appartient au Gouvernement de laisser au fourreau ces armes forgées pour les temps difficiles, et qu'il ne doit montrer que lorsqu'il le juge utile. — Et cependant, Monseigneur, nous le voyons ! ce n'est pas encore sans de graves inconvénients, car on compare maintenant la to'érance passée à la vigilance actuelle, et le pouvoir n'y trouve qu'une double responsabilité, comme les citoyens ne trouveront jamais dans la *désuétude* qu'un double péril et la loi une double atteinte ! C'est que les partis ne raisonnent pas ; c'est que les circonstances pour eux ne sont rien ; c'est qu'ils n'y voient que ce qui les gêne ; c'est qu'il n'y a enfin qu'une justice, *toujours la même*, qui puisse les réduire au silence et au respect.

VI

J'arrive, Monseigneur, à la partie la plus délicate de mon examen.

On a dit : « l'épiscopat jouissait, depuis près de douze ans, d'une liberté qu'il ne connut sous aucun régime. » — Je prends acte, je ne dirai pas de *l'aveu*, — le mot serait impropre, — je dis : de

la *reconnaissance*. On ajoute : « l'empire n'a pas eu
à le regretter ; il a recueilli dans tous les diocèses
des témoignages de gratitude... »

Passons, Monseigneur, sans trop nous arrêter
sur ces souvenirs. Je sais que les témoignages ont
été aussi nombreux que profonds et sincères, mais,
hélas ! je ne suis ni assez jeune pour n'avoir pas
compris, ni assez vieux pour avoir oublié que parmi
ces actes de gratitude, quelques-uns, — heureusement exceptionnels, — durent passer par le Conseil d'État pour arriver au trône ! et lorsque je lis
cette phrase : « Je sais qu'on ne prendra pas ma
voix pour une voix amie...'» je dis dans mon âme :
à qui la faute !

VII

J'ai revendiqué pour l'Église le droit absolu de
diriger les âmes ; je réclame maintenant, Monseigneur, pour le Gouvernement temporel, la sou-
veraine appréciation des nécessités des temps. A
lui seul, je crois, appartenait de décider et de pre-
scrire ce qu'il croyait nécessaire, dans les agita-
tions soulevées pour l'acte pontifical. Ne joignons
pas l'incident au fond.

Le Gouvernement a-t-il dépassé ses pouvoirs ?
Nul ne l'a prétendu.

. Lettre de M⸱ʳ Pie à M. le Garde des sceaux.

A-t-il eu d'autres intentions que celle de calmer l'agitation et d'éviter, comme il l'a dit, « des interprétations regrettables ? » Je ne crois pas, Monseigneur, qu'on lui ait fait l'injure de ce soupçon et vous moins que personne. Mgr d'Alger, peu facile aux concessions, a loyalement reconnu : « que le Gouvernement *avait cru faire acte de simple politique* [1]. »

Mais on insiste et on dit : « l'encyclique n'a pas été comprise; le Gouvernement lui-même s'est trompé. » Je répète, ne mêlons pas l'incident au fond. L'agitation était-elle réelle? Fallait-il aviser? Là est l'incident. Il faut croire, Monseigneur, que le Gouvernement a mûrement délibéré et qu'il ne s'est pas décidé, sans de graves motifs, à des mesures qui allaient blesser cette grande liberté que l'épiscopat n'avait jamais connue avant 1852.

Vous avez vous-même, Monseigneur, reconnu que les circonstances étaient exceptionnelles, car vous avez signalé cette explosion que vous appelez avec les Italiens : *furia francese*. Le Gouvernement pouvait-il donc n'en tenir aucun compte? Cette *furia*, Monseigneur, qui s'appelle bravoure, intrépidité, honneur, dévouement devant les périls,

---

[1] Lettre à M. le Garde des sceaux.

s'appelle colère, émeute, indignation, révolte ou révolution, ailleurs ! L'art de gouverner, ne l'oublions pas, n'est pas autre chose que la science des passions humaines. Encourager les bonnes pour les utiliser, surveiller les mauvaises pour les combattre au besoin, mais en évitant leurs explosions par des soupapes de sûreté, voilà la sagesse. J'admets que le public ait cédé à une panique, j'admets que le Gouvernement lui-même se soit trompé, mais ce que je n'admets pas, c'est qu'il ait manqué de sagesse, car il répond de l'ordre et il veille pour tous.

Insister sur ce point, Monseigneur, serait de ma part une grande témérité ; mes observations ne sont pas une défense, elles ne sont qu'un acte de fidélité. Le jour est proche, Monseigneur, où des voix éloquentes traiteront ces grandes questions devant la France attentive ; attendons respectueusement la lumière politique qui ne peut se lever ailleurs. Si l'Empereur ne juge pas utile de parler lui-même, nous savons avec quelle autorité et avec quel bonheur d'expression M. le ministre d'État sait exprimer, devant les grands corps d'Etat, la pensée du souverain, être l'organe de sa politique et lui concilier tous les cœurs qui savent, comme vous le dites, « se placer au point de vue des choses. » Attendons !

VIII

Mais j'entends ce cri de douleur sorti de votre âme :

« Je me débats dans ces chaînes, blessé comme
« évêque, comme fils, comme citoyen, comme
« homme d'honneur, et je demande avec anxiété
« aux lois de mon pays si elles ne me laissent pas
« une ressource, un moyen, un seul, de dire et de
« crier ce que j'ai dans l'âme et sur les lèvres [1]. »

Ces accents, Monseigneur, dignes d'un Jérémie, ont prouvé, une fois de plus, la chaleur de votre cœur et les richesses de votre talent ; mais, s'ils ont excité l'admiration, ils n'ont obtenu la pitié de personne. On a souri à ce bruit de chaînes dans lesquelles vous vous débattez, et les palmes de votre martyre n'ont été pour tous que vos palmes académiques, enrichies d'un nouveau lustre. Ne le regrettez pas, Monseigneur, et laissons les lamentations oratoires pour revenir à ce que vous aimez comme moi, *la vérité, toute la vérité, rien que la vérité*, ainsi que nous disons au palais. Cette formule ne laisse place à aucune équivoque, à aucune réticence, et devant la justice, personne n'a

[1] Page 9.

le droit ni de s'y soustraire ni de s'en offenser.

Or, la vérité, la voici : le réseau ministériel avait les mailles si larges pour ceux qui ont voulu passer au travers, et si souples pour ceux qui voulaient passer à côté, que cette grille de chaînes n'a empêché personne, et vous, Monseigneur, moins que personne, « de crier ce qu'on avait dans l'âme et « sur les lèvres. »

En fait, les deux cent mille voix de la presse portent chaque jour, depuis un mois, au monde entier, des mandements auxquels il n'a manqué que la formule consacrée.

En droit, cette publicité a paru être « une promulgation suffisante, » à plusieurs prélats, et ceux qui ont pensé le contraire ont pu, en toute liberté, communiquer aux pasteurs leurs éditions officielles de l'acte pontifical.

Qu'a-t-il donc manqué ?... les explications autorisées des évêques contre les interprétations ignorantes des journalistes ?... Vous avez montré, Monseigneur, par quelle voie on pouvait se sauver du péril, et vous l'avez parcourue avec tant d'éclat qu'après votre brochure, je l'affirme, il ne manquait plus rien à la défense du Saint-Siége et à l'autorité de l'encyclique.

IX

Je ne veux pas, par un compliment, éluder les objections. Je les ai toutes retenues, car ici tout a du prix, et je vais y répondre.

Vous avez dit, Monseigneur :

« Pourquoi cette immense publicité lorsqu'on pouvait l'empêcher?

« Pourquoi les évêques, à qui l'acte pontifical était adressé et réservé, ont-ils seuls été empêchés de le répandre?

« Pourquoi, lorsque seuls ils pouvaient l'interpréter, sont-ils seuls empêchés de l'expliquer?

« Pourquoi suis-je réduit à réclamer mon droit de citoyen et à me *découvrir* pour entrer dans l'arène des passions?

« Pourquoi jouit-on dans les temples et les synagogues de la liberté de l'attaque, et pourquoi notre langue est-elle enchaînée dans nos églises? »

J'ai déjà répondu, Monseigneur, en vous faisant, contre notre législation, les plus larges concessions — que peu de magistrats peut-être se résigneraient à signer, — car notre mission est de défendre les lois quelles qu'elles soient, et je me suis *découvert* aussi, pour en parler comme chrétien et citoyen ; je ne crois pas que je puisse le regretter. J'ai répondu aussi que vos questions, Monseigneur, en s'adressant au ministre, s'attaquaient à la loi et au chef de l'État.

Mais cette pauvre loi si décriée a-t-elle donc, dans cette circonstance, produit des effets bien désastreux ?

Je sais bien, Monseigneur, ce que vous auriez dit de moins dans un mandement, je ne sais pas ce que vous auriez pu dire de plus. Vous vous êtes « découvert ? » Vous vous êtes exposé aux traits « d'une armée d'adversaires ? » Vos plus fidèles amis, Monseigneur, sont restés sans inquiétude. Ils savent que vous portez nuit et jour une cuirasse, faite de foi contre l'incrédulité, d'érudition contre l'ignorance, de logique contre les sophismes, d'éloquence contre les parleurs, de mépris contre les outrages et de charité contre les erreurs. Comme les armures les plus parfaites, cette cuirasse a ce qu'on appelle des *défauts*, par où peuvent se glisser les flèches empoisonnées. Hélas ! Monseigneur, les plus riches ornements sacerdotaux ne rendent pas invulnérable. L'homme peut être atteint sous le camail comme sous la toge ! Il n'y a qu'une armure qui le rende partout et toujours invulnérable, c'est la vérité, dont il doit être constamment revêtu.

Je puis donc vous répondre que, loin de vous découvrir, vous vous êtes couvert, car le citoyen a gardé l'autorité de l'évêque, et lui a apporté une liberté que l'épiscopat ne peut croire absolue pour interpréter les actes pontificaux, sans encourir une grande responsabilité. Vous y auriez échappé par votre sagesse dans un mandement, vous ne pouviez que la côtoyer dans une brochure.

De quel préjudice vous plaigniez-vous encore?

Parmi les millions de lecteurs qui ont remplacé les fidèles de votre diocèse, Monseigneur, en est-il un seul qui ait méconnu que vous parliez en évêque? Je connais l'importance des formules exécutoires; — elles sont indispensables aux commandements, — mais les discussions peuvent s'en passer. Ce qui commande le respect alors, ce n'est plus une formule impérative, c'est ce que vous possédez : la science, l'art et la chaleur.

Ne regrettez plus, Monseigneur, la liberté dans les temples et les synagogues. Dans les synagogues on ne croit pas à Jésus-Christ, et dans les temples on le dépouille! Que vous importe ce qu'on y dit? Les mandements n'y auraient rien changé!

Ne regrettez pas trop non plus que vos collègues n'aient pas pu adresser à leurs ouailles des instructions qui auraient rejoint les neiges et les mandements d'Antan, tandis que votre brochure vit et ne sera pas oubliée.

No regrettez pas de n'avoir pu parler de l'acte pontifical dans votre cathédrale à vos bonnes âmes. Ces mots : *jubilé, indulgences*, les auraient réjouies, mais le mot *syllabus* les aurait plus étonnées que tenues attentives, malgré les séductions de votre parole, car elles n'auraient compris ni le mot ni la chose.

No regrettez pas enfin que cet acte solennel n'ait pas été réservé aux seuls évêques, et qu'il soit parvenu à ceux qu'il était destiné à combattre.

Do pareils actes, Monseigneur, sont inutiles à la très-grande majorité des troupeaux de l'Eglise ; ces actes cherchent les brebis égarées, et, pour les ramener au bercail, la persuasion vaut mieux que le commandement.

Quant au reproche adressé au Gouvernement d'avoir permis cette grande publicité, Mgr d'Alger a dit : « La faculté laissée à tous de reproduire l'encyclique est la preuve que le Gouvernement n'a pas tenu à ce que la doctrine de l'Eglise demeurât inconnue au gros des fidèles. » Il aurait pu dire : que le Gouvernement avait voulu qu'elle leur arrivât.

Voilà la vérité, Monseigneur. — Un de vos collègues a dit encore ce que tous ont dû penser : « Le

« Gouvernement a dû faire acte de simple politique,
« et non pas d'hostilité contre l'Eglise. » Et j'ajoute :
il a appliqué la loi, parce que les circonstances
l'exigeaient ; mais, dans sa loyauté, il n'a pas voulu
que les *propositions* fussent ignorées, et il a laissé
à tous la plus large liberté pour les répandre. On
s'en plaint ! Qu'aurait-on dit s'il l'eût empêché ?
Reconnaissons tous, Monseigneur, que le Gouvernement a subi une nécessité, et que le ministre a
rempli un devoir. Les plaintes et les provocations,
violentes ou mesurées, n'ont pu apporter à Son
Excellence M. Baroche d'autre regret que celui de
voir que Nos Seigneurs les évêques, qui placent si
haut le sentiment du devoir, n'avaient pas compris
que le ministre de la justice devait être le premier
serviteur de la loi dont la garde est confiée à sa vigilance éclairée autant que sage.

LA CONVENTION DU 15 SEPTEMBRE.

I

N'attendez pas de moi, Monseigneur, la réfuta-
tion de ce que vous avez exposé avec tant de clarté,
discuté avec tant de force, établi avec tant de logique, déploré avec tant de larmes et signalé avec
tant d'inquiétude. Je déplore, comme vous, les usur-
pations commises sur les Etats du pape; je veux,
comme vous, les réparations que la justice réclame;
je veux surtout l'indépendance de la papauté, et du
moins la conservation du lambeau de patrimoine
où le pape est chez lui, et d'où il peut encore adresser, en pleine liberté, au monde chrétien ses bulles
et ses encycliques, ses décisions et ses enseignements; mais nous différons, Monseigneur, sur les
moyens de sauver Rome, lorsque Annibal est à ses
portes !... Le temps presse, le péril est immense;
délibérons et ne disputons pas !

Vous avez quitté les bords du Tibre pour attaquer l'ennemi entre le Pô et la Doire, où il campe encore. Cette stratégie, qui réussit souvent, a aussi ses périls. Au palais, pardonnez-moi cet exemple, lorsqu'un avocat semble oublier la demande principale pour s'attacher à justifier ses conclusions reconventionnelles, le juge inquiet se laisse prévenir défavorablement, et la meilleure cause peut être en péril.

C'est ainsi, Monseigneur, que l'opinion publique, que vous avez prise pour juge, a pu d'abord s'étonner de voir, dans votre brochure, le temporel et le spirituel mêlés et discutés ; et c'est ainsi que vos adversaires ont pu faire un rapprochement, déjà tenté pour abaisser un arrêt doctrinal du saint-siége. Vous avez repoussé cette interprétation des intentions de Pie IX ; je proteste aussi, mais j'avoue que votre œuvre, par son titre, n'était pas propre à détruire l'erreur sur ce point.

Votre stratégie, Monseigneur, en s'attaquant au Piémont qui n'est plus, et en défendant l'Italie qui renaît, poursuit un fantôme lorsque la réalité nous assiége. *Les Piémontais* que vous stigmatisez, Monseigneur, ont rayé du bout de leur épée victorieuse leur nom de la carte d'Europe ; ils ont sacrifié leur autonomie à la résurrection de la patrie commune ; le Piémont aujourd'hui s'appelle l'ITALIE. Ils auraient été insuffisants pour chasser les Autrichiens, mais ils n'y ont épargné ni leur sang ni leur or, et les Piémontais, qui ont survécu à la délivrance, disparaissent aujourd'hui dans leur triomphe et s'ensevelissent sous la part de lauriers qu'ils ont moissonnés à côté de nos soldats. Turin, un moment irrité de la grandeur du sacrifice, qui avait aussi l'amertume de l'ingratitude, l'accepte aujourd'hui avec une résignation stoïque; l'ancienne capitale du Piémont, devenue un moment la capitale de l'Italie, voit partir, non sans douleur, mais sans murmurer, les fourgons qui emportent le trône sauvé et la couronne agrandie par les Piémontais découronnés !... — Votre âme, Monseigneur, qui comprend toutes les grandeurs, ne peut méconnaître celle-ci ! Et lorsque, sans en tenir compte, vous avez déversé sur les enfants du Piémont une responsabilité qu'ils ne doivent pas porter, votre douleur vous a égaré.

Autrefois, Monseigneur, l'histoire avait des sévérités pour les courtisans, mais elle les imitait ! Les peuples étaient coupables de toutes les fautes et de tous les crimes, tandis que les rois recueillaient le bénéfice et la gloire de tout ce qui excitait l'admiration. Hélas ! c'est encore de même ! mais si cette injustice nous afflige, n'en donnons pas l'exemple. Reconnaissons que le devoir des Piémontais était de suivre leur roi, de combattre, de mourir ou de triompher sous ses regards ! Paix donc aux Piémontais ! Occupons-nous des Italiens.

Quant au prince de Savoie, que je ne veux ni accuser ni défendre, ne peut-on, sans légitimer tous ses actes, reconnaître qu'il est plutôt emporté par les événements que maître de les diriger ? Vous le savez, Monseigneur, « Dieu tient du plus haut « des cieux les rênes de tous les empires et il a tous « les cœurs dans sa main. Tantôt il retient les pas- « sions, et tantôt il leur lâche la bride ; et par là il « remue le genre humain [1]. »

L'histoire fera à Victor-Emmanuel une part de responsabilité peut-être bien lourde, mais elle ne pourra lui refuser aussi une part de gloire. Nous ne pouvons douter, d'ailleurs, qu'il ait eu et qu'il ait encore sa part de douleurs au milieu de ses triom- phes. Il a vu son père désespéré s'enfuir et mourir à l'étranger de la blessure faite à son noble cœur à Novare ! Il a ceint la couronne de Lombardie, mais il a dû, plus tard, et par la force des événements, céder à la France les provinces où fut le berceau de ses ancêtres ! — Il est roi d'Ita- lie, mais il échange aujourd'hui, pour la ville des Médicis, la capitale qui lui est chère, et il doit, à

[1] Bossuet, *Discours sur l'histoire universelle.*

cette heure, éprouver les tristesses des hommes de cœur qui regrettent dans un palais la chaumière où ils connurent des bonheurs à jamais perdus !

Enfin, Monseigneur, le prince qui porte la croix de Savoie ne peut sans douleur s'avancer contre le pontife qui porte la croix de Jésus-Christ, et je me sens désarmé devant cette majesté qu'on envie, que vous accusez et que je plains.

II

Ne craignez pas, Monseigneur, que je m'incline devant *les faits accomplis !...* Cette théorie, qui insulte à la sainteté du droit et à la majesté de la justice, ne saurait avoir accès dans la conscience d'un magistrat pas plus que dans celle d'un évêque. Je comprends donc votre indignation, je n'ai pas dit : vos colères, — car ce mot n'a de sens ni pour vous ni pour moi, pas plus que celui de vengeance, — mais hélas ! si je partage vos douleurs, je ne partage pas vos illusions pour la restauration du pape dans ses provinces perdues, et, en me résignant au sacrifice, je me courbe devant cet arrêt dont vous n'appellerez pas : « Dieu exerce ses « redoutables jugements selon les règles de sa jus- « tice toujours infaillible ! C'est lui qui prépare « les effets dans les causes les plus éloignées. Dieu « donne la puissance, *il la transporte d'une maison*

« *à une autre* pour montrer qu'ils ne l'ont tous que
« par emprunt[1]. »

Méditons les grands enseignements du grand
évêque dont le nom a été invoqué si souvent dans
ce débat ! Ils sont bien plus appropriés à nos temps
révolutionnaires que les maximes de l'Église galli-
cane, si inutilement exhumées. Puisons-y, sinon
l'approbation des faits accomplis qui nous désolent
et nous blessent, du moins la résignation aux dé-
crets de la Providence ! Il vous appartient de l'enseigner, Monseigneur, mais nous devons tous la
pratiquer ; l'avenir nous offre assez ses problèmes.
S'il n'est pas à nous, plus que le passé, Dieu, en le
voilant, semble cependant le mettre à notre dispo-
sition. Laissons donc le passé, sinon à l'oubli, du
moins à la justice de Dieu et de l'histoire, et pré-
parons l'avenir. Pour cela, Monseigneur, étudions
encore la convention du 15 septembre, qui me
rassure autant qu'elle vous alarme.

III

Pour justifier vos inquiétudes, Monseigneur, vous
avez fait un tableau rétrospectif, dont je m'empare
pour légitimer ma confiance. Je pourrais ajouter à
vos citations, je ne saurais mieux les choisir ; tant

[1] Bossuet, *Discours sur l'histoire universelle.*

il est vrai que les perspectives changent selon les points d'où on les regarde. J'accepte donc au début les pièces que vous y avez apportées; j'accepte, comme arguments décisifs, les paroles et les écrits de l'Empereur, les discours et les actes des dignes interprètes *de sa pensée;* — d'autres ont dit : *de sa politique*, ce mot n'a pas de place ici, où tout s'est passé au grand jour, avec non moins de loyauté que de franchise, de courage et de dévouement.

Vos citations, Monseigneur, prouvent jusqu'à l'évidence que l'Empereur et ses ministres ont voulu la conservation du pouvoir temporel et le maintien du pape à Rome; — que, dans toutes les occasions, ils ont officiellement et officieusement exprimé la résolution invariable de conserver au christianisme sa capitale *nécessaire.*

Mais, plus vous accumulez ces souvenirs et plus vous vous inquiétez, car vous arrivez aux *faits accomplis* et vous dites, avec une tristesse que je partage : « *Et cependant le Pape a été dépouillé!* » Vous en concluez que bientôt il pourra l'être tout à fait, et qu'ainsi s'accomplira, malgré les avertissements, les pleurs et les prières des fidèles, le dernier acte d'une comédie jouée par les Piémontais, et où la France aura été dupe. Vous ne vous bornez pas à nous prédire des regrets, vous nous annoncez des remords! car on est responsable, je le sais, du mal qu'on peut éviter autant que du bien qu'on pourrait faire, et vous le prouvez par deux exemples habilement empruntés à notre histoire, et qui doivent être, selon vous, pour le prince, deux grands enseignements. — J'admire, Monseigneur, les éclats d'éloquence qui sortent de votre cœur et de votre âme blessés, et les ressources de votre argumentation; mais si, comme je n'en doute pas, vos citations sont allées à leur adresse, je ne crois pas qu'elles aient altéré la sérénité de l'âme, ni le calme impassible du visage de Napoléon III. — Pour moi, Monseigneur, qui ai la témérité de peser vos arguments, je vois, en effet, dans Charles IX poursuivi par un irrévocable arrêt, — peut-être injuste, — et dans François I" couronné par une auréole de gloire, — peut-être imméritée, — de grands enseignements ! j'y vois la preuve que la justice des hommes, souvent partiale, est toujours faillible ! — J'y vois la preuve que les faiblesses privées des princes peuvent être rachetées par leurs vertus publiques, mais que la faiblesse des rois conduit aux calamités publiques, quand ils ne savent pas résister à de funestes conseils ! — J'y vois surtout la preuve que le bras séculier ne doit jamais être appelé au secours de la foi. Je trouve avec bonheur, dans l'énergie des expressions dont vous vous servez pour flétrir la Saint-Barthélemy, la confirmation de ce que j'ai moi-même dit de ce grand crime et des douleurs de l'Église, qui a toujours repoussé avec indignation la responsabilité qu'elle renvoie à la politique et aux passions de quelques fanatiques qu'elle désavoue[1].

IV

Vous analysez les quatre articles de la convention du 15 septembre et vous trouvez le premier sans énergie, les autres sans logique, inutiles ou d'une exécution impossible ; puis vous vous récriez sur l'inopportunité de la retraite. Vous reconnaissez pourtant qu'elle serait désirable et qu'elle était une nécessité, mais à une échéance indéterminée. — Nos soldats ne pouvaient donc, vous en convenez, Monseigneur, toujours rester à Rome, et vous ne le désiriez pas. Je ne le désirais pas non plus, — car tout protectorat est une servitude pour le protégé et impose au protecteur de lourds sacrifices. L'Angleterre n'était pas moins lasse que les îles Ioniennes d'un pareil contrat, et le pape devrait se réjouir, autant que notre budget, de la convention du 15 septembre, si la révolution n'était pas aux portes de Rome et dans Rome. — Cependant,

[1] Voyez mon livre DE LA JUSTICE DE DIEU, p. 213.

Monseigneur, mes opinions, quant à l'échéance, étaient plus radicales que les vôtres. J'ai répondu, il y a plusieurs mois, à ceux qui disaient comme vous, que nous ne pouvions toujours rester à Rome : « Nous devons y rester tant que le péril « existe, et toujours s'il le faut. Sans doute, les « sacrifices sont grands, mais Dieu nous les rend « au centuple. Si nous protégeons le pape, Dieu « protége la France [1]. — J'ai donc pu regretter, autant que qui que ce soit, la convention, et, lorsque j'y applaudis, ce ne peut être que par le motif qui vous la fait regretter, c'est-à-dire, par intérêt pour le pape.

Je me permets de vous dire : à quel moment plus favorable et à quelles conditions meilleures aurions-nous pu nous retirer ?... Vous n'ignorez pas, Monseigneur, que depuis quinze ans la révolution n'a pas désarmé un seul moment en Italie, et qu'elle n'attendait que notre départ pour éclater. Vous n'ignorez pas que, depuis Villafranca, l'Italie ressuscitée n'a plus qu'une idée fixe : planter son drapeau sur les sept collines et réaliser le dernier mot de son programme : *Rome capitale !* — Je cherche dans le passé une époque quelconque où le pape aurait pu résister par ses seules forces aux périls qui

[1] LA JUSTICE DE DIEU, p. 397.

l'assiégeaient et je ne la trouve pas. — Il avait ses provinces... il aurait eu des volontaires ?... Je crois qu'il ne serait plus à Rome, s'il n'avait eu pour l'y maintenir que la vaillante épée du général Lamoricière, eût-il commandé à une armée aussi disciplinée que l'était peu celle qui s'est fondue ou dispersée sous son commandement. La foi religieuse, Monseigneur, apporte dans les âmes le sentiment du péril, mais les fidèles ne s'arment plus pour la défendre ! Les anciens croisés, remarquables par le nombre des soldats et par la bravoure des chefs, succombèrent parce qu'ils manquaient de discipline ; les nouveaux preux n'avaient pas même le nombre, pour s'en passer ! Vous vous affligez, Monseigneur, de la restriction qui peut empêcher de larges enrôlements dans la catholicité ? — Je ne crois pas que ce soit là le sens de la convention, — mais cela fût-il, sommes-nous bien certains qu'on fût accouru en grand nombre ?... Hélas !... je n'ai pas cette illusion.

Je vous dirai, Monseigneur, où le pape peut, — j'en ai la conviction, — recruter sans frais, des défenseurs dévoués et invincibles ; je poursuis mon examen.

Si je ne vois pas, derrière nous, un temps plus opportun pour la retraite, je cherche non moins inutilement en avant, ce qu'il eût fallu attendre.

— Aujourd'hui, l'ivresse du triomphe s'est dissipée en Italie ; les passions révolutionnaires se sont calmées sous l'énergique résistance du bon sens du peuple et de la sagesse des hommes d'État qui gouvernent. Aujourd'hui, après les désordres que vous signalez, et qui sont, hélas ! nous le savons, inséparables des révolutions ! l'ordre renaît, la justice reprend son empire et les folles théories s'enfuient ou sont réduites au silence dans la Péninsule. Aujourd'hui, on y rêve encore : *Rome capitale...* Laissons rêver ! Est-ce que nous ne gardons pas, tous tant que nous sommes, les espérances lointaines des biens que nous désirons, et que nous ne pouvons oublier malgré les impossibilités qui nous en séparent ? — Aujourd'hui enfin, Dieu, que M. Billaut appelait au secours des gouvernements pour sortir d'une impasse, semble avoir ouvert une issue qui conduit à la conciliation entre tous les intérêts, en ménageant tous les amours-propres ! Voilà ce que je vois. Et, au lieu de se féliciter on s'alarme, au lieu de remercier on murmure ! que voulait-on, et surtout que pouvait-on de mieux ?...

Jugez donc la convention, Monseigneur, non par vos regrets ou vos inquiétudes, mais par vos désirs et vos espérances. Ayez confiance dans la loyauté et dans la force du gouvernement impérial. Voyez, au besoin, les colères qu'elle a soulevées en Italie et en France parmi les *unitaires*. Je les divise en deux catégories : Les uns, — c'est le petit nombre, — voudraient le roi d'Italie à Rome pour en chasser le pape ; les autres ne pensent qu'à l'Italie et croient à une conciliation possible, ou s'inquiètent peu du sort de la papauté ; tous, indifférents ou hostiles, ont été surpris et mécontents, et les plus habiles n'ont pas su le dissimuler.

Ce n'est là qu'un indice, mais il a sa valeur pour apprécier les actes politiques ; le sentiment public se trompe rarement. On peut, il est vrai, m'objecter que la convention n'a pas été mieux reçue dans le camp opposé ? Je vois de ce côté, je l'avoue, plus d'étonnement que de réflexion et plus d'inquiétude que de mécontentement. La lumière se fait et il me semble que, vous-même, Monseigneur, vous ne seriez pas loin d'approuver, si vous aviez trouvé des garanties d'exécution dont l'absence est votre principal grief. C'est ici, Monseigneur, que je dois justifier ma sécurité, qui, aux yeux de quelques zélés, pourrait passer pour une coupable quiétude.

V .

Faisons un peu d'histoire.

Lorsque l'Empereur conduisit son armée dans

les plaines de la Lombardie, il était dirigé par deux grandes pensées : délivrer l'Italie des Autrichiens et refouler les ennemis séculaires de la France jusqu'à l'Adriatique. Lorsque, vainqueur à Solferino et à Magenta, l'Empereur retint son armée, personne n'a pu croire qu'il s'était arrêté devant le Quadrilatère, car tout le monde a su qu'il s'était arrêté devant deux périls plus grands, qu'il aurait pu combattre, mais qu'il ne voulut pas braver : l'Allemagne sur le Rhin et la révolution en Europe. L'histoire dira que jamais campagne plus glorieuse ne fut scellée par un traité plus sage.

Dans ce traité, Monseigneur, quelles furent les préoccupations et les stipulations du vainqueur? tout pour l'Italie et tout pour le pape! à l'Italie la Lombardie, au pape la suprématie dans la Péninsule.—Pour la France?... Rien! Rien que des sacrifices noblement acceptés et la gloire qui lui suffit. Et pour son Empereur, la satisfaction du devoir accompli, ce qui est pour les grandes âmes la plus belle récompense! Convenez, Monseigneur, que là se trouvaient réunies et « *la puissance* et *la grandeur,* » que vous comprenez et distinguez si bien [1]. Ah! Monseigneur, que vous avez raison

—————

[1] Brochure, p. 11.

de regretter ce beau rêve impérial de la confédération italienne, présidée par le pape! — L'Italie ne serait pas réduite à s'agiter encore comme un faisceau sans lien! — L'Autriche ne serait pas condamnée à garder Venise enchaînée, moins en sujette qu'en criminelle! — Le pape régnerait en paix sur toutes ses provinces heureuses, et la catholicité n'assisterait pas en larmes à l'écroulement de son trône! — La France, enfin, heureuse et fière d'avoir payé tout ce bonheur, n'aurait pas à subir des ingratitudes qui sont les seules attaques auxquelles soit accessible le cœur de son Empereur.

A quoi donc, Monseigneur, a-t-il tenu qu'il en fût ainsi? Sur qui doit peser la responsabilité de l'avortement d'un si généreux projet? C'est ici, Monseigneur, que j'aurais le regret de me séparer entièrement de vous, s'il me fallait apprécier les *non possumus*, par lesquels on a constamment répondu aux conseils les plus sages, aux avertissements les plus désintéressés, aux sollicitations les plus dévouées. Autant j'admire et je respecte cette immutabilité dans les doctrines de l'Église et dans l'invariable unité de la foi, autant je déplore dans un gouvernement temporel cette fixité de la borne, car vous le savez, je crois au progrès universel et nécessaire; je le veux partout, et je l'ai rangé parmi les lois éternelles de la Providence[1]. Que le pape refuse de transiger avec les erreurs qu'il condamne, ma foi reste à genoux; mais, pour Dieu! que le roi de Rome marche à la tête de la véritable civilisation qu'il accepte! qu'au lieu de refuser à ses sujets de misérables concessions, il se déclare le protecteur d'une sage liberté! qu'il devienne le régulateur des passions et des intérêts, comme il est le souverain arbitre des doctrines. Mais je me laisse entraîner à mon tour par mes regrets et mes vœux... Revenons à mon sujet.

VI.

La France pouvait-elle et devait-elle, comme vous le pensez, Monseigneur, imposer sa volonté, maintenir l'exécution des traités de Villafranca et de Zurich, ou tout au moins faire respecter les États du pape? de si hautes questions ne sont pas de ma compétence. Elles ont été discutées devant les grands corps de l'État, et leurs verdicts solennels ont fait justice de toutes les accusations. Je ne sais qu'une chose, c'est que dans toutes les occasions le dévouement filial à la papauté ne s'est

[1] LA JUSTICE DE DIEU (*la loi du progrè·*), p. 221 et suiv.

jamais démenti en France, et je suis convaincu que si on n'a pas fait plus, c'est que c'était impossible.

Ce dévouement est-il encore entier, et loyal autant que grand ? Vous n'en doutez pas, Monseigneur, mais il ne vous rassure pas. Vous craignez encore *les faits accomplis* et les *impossibilités relatives*. Vous voyez, après notre départ, les Piémontais faisant éclater les mines qu'ils creusent déjà, et entrant dans Rome, au mépris de la convention, parce que, selon eux, elle leur donne ce droit, lorsqu'ils y seront appelés.

Je vous concède, Monseigneur, que les Italiens entendent autrement que nous la convention ;

Je vous concède qu'ils n'ont pas renoncé *in petto* à Rome capitale ;

Je vous concède que Garibaldi à l'intérieur et Mazzini à l'extérieur conseilleront encore des folies et peut-être pis ;

Je vous concède que les promesses et les engagements des Piémontais ne sont pas des gages dont nous puissions nous contenter ;

Eh bien ! je ne suis inquiet, ni de ces interprétations, ni de ces projets, ni de ces menaces, et, loin de trouver dans le pasé des raisons pour m'alarmer, j'y trouve encore des encouragements pour croire que le pape restera à Rome.

Qu'avons-nous vu en effet ? Les Piémontais ont pris des provinces que nous ne gardions pas, mais ont-ils jamais fait la moindre tentative contre Rome où notre drapeau flottait ? Combien d'excuses cependant, pour céder à la tentation ! Ils entouraient la ville éternelle ; ils étaient en armes et dans les transports de triomphes glorieux ou de succès faciles ; ils pouvaient, peut-être sous le nombre, écraser la valeur de notre petite armée... Ils n'en ont même pas eu la pensée. — Ah ! c'est qu'ils se rappelaient les victoires que nos soldats ont scellées de leur sang dans toute la péninsule ! C'est qu'ils savaient que de Toulon à Civita-Vecchia il n'y a qu'une étape, et qu'au besoin nous savons franchir les défilés et gravir les sommets des Alpes. Pourquoi ne penserions-nous pas aussi qu'ils se croyaient liés par nos services ? Mais dût leur ingratitude étonner le monde, personne au monde ne croira que les Italiens puissent jamais entrer à Rome malgré *le veto* de la France. On sait ce qu'elle peut quand elle le veut, et quand son épée est confiée à un tel chef. Toute la question se réduit donc à ceci : la France et l'Empereur le voudront-ils ?

Ici, Monseigneur, le doute serait une offense à la patrie et un outrage à l'Empereur. Je sais combien ces pensées sont loin de vous, et je ne les discuterai pas.

Si quelqu'un autour de vous ne partage pas ces sentiments, qu'ils lisent votre brochure et qu'ils voient tout ce qui a été dit et fait. Alors, ils comprendront que rien ne pourra ébranler dans l'avenir, pas plus que dans le passé, les résolutions impériales. Ils verront que ni les périls et la gloire partagés sur le champ de bataille, ni les sollicitations éloquentes de l'amitié ou du sang, ni les conseils ni les plaintes, ni toutes les manœuvres dont on assiége les rois, en flattant ou en blessant leur orgueil, ni les conspirations, ni les bombes, en un mot, ni les attaques loyales ni les lâches assassinats n'ont eu prise sur la volonté de celui qui maintient le pape à Rome.—Son âme est invulnérable, Monseigneur, demandez à Dieu qu'il protége son corps! et calmez vos inquiétudes.

Quant à la France, ce n'est pas contre vous qu'il conviendrait de soutenir qu'elle est essentiellement catholique, malgré tout ce qui peut vous affliger dans « les tristesses modernes ».

VII

J'ai promis, Monseigneur, de vous dire où le pape pourrait recruter une armée pour nous remplacer à Rome. J'en connais deux. Demandez qu'on y laisse le drapeau français et un invalide pour le garder, ce sera assez pour éloigner les Piémontais ; mais ce ne serait rien contre l'ennemi du dedans. Contre les Romains, Monseigneur, je ne connais que les Romains ou plus exactement que Pie IX. Que, rendu aux entraînements de son cœur et aux conseils de sa sagesse, il appelle à lui tous ceux de ses sujets qui gémissent de leur éloignement et ne lui demandent qu'un peu d'air et de lumière, pour cette grande cité, qui éclaira le monde dans le passé et lui envoie encore l'éternelle vérité ! Dites-lui, Monseigneur, non pas de transiger avec l'erreur, c'est folie,—non pas de se réconcilier avec la civilisation et les idées modernes ; vous avez dit : « C'est un outrage ». Je suis convaincu que tout cela est dans son cœur. Mais dites-lui que les gouvernements de la terre doivent marcher avec leur siècle, et que le mouvement ne peut s'arrêter nulle part sans appeler la mort ! dites-lui que les anciens maîtres du monde ne peuvent marcher derrière le char de la civilisation nouvelle et que les libertés modernes, comme le déluge, montent et envahissent les cimes, sous les regards de Dieu !

Que si nos prières et nos sollicitations ne peuvent encore être entendues à Rome, qu'arrivera-t-il ? Dieu le sait ! « La France, a dit M. Drouin de

Lhuys, garde sa liberté d'action pour les cas imprévus ; » mais la France serait-elle libre d'aller combattre à Rome pour les principes qu'elle applique à Paris? Je recule devant cette éventualité !

Cessez donc, Monseigneur, de craindre *les Piémontais;* là n'est pas le péril. S'il leur faut passer sur la convention ou dessous, vous pouvez être assuré qu'ils n'entreront pas à Rome ! Vous auriez voulu que l'article 1⁷ fût rédigé en ces termes énergiques : « Je quitte Rome, mais vous n'y entrerez jamais à aucun prix, ni sous aucun prétexte [1]. » Je vous réponds par un de vos arguments: « Toute science a sa langue » , la diplomatie a, comme la théologie, des formules obligées.

Mais si Pie IX, encore détrôné par ses sujets, reprenait le chemin de l'exil, vers qui les catholiques pourraient-ils tourner leurs regards?...—Vers celui qui voit et qui peut tout ! Veuille Dieu faire entrer, à Rome, dans les conseils du souverain la sagesse du pontife !

1 Brochure, p. 64.

L'ENCYCLIQUE.

I

Le mois qui vient de s'écouler, Monseigneur, vous paraît mériter d'être appelé « *le mois des dupes* ». — Je l'appelle, avec ménagement, *le mois des malentendus.*

Malentendus sur la convention,

Malentendus sur l'encyclique,

Malentendus sur la lettre ministérielle,

Malentendus sur les réponses épiscopales,

Malentendus sur les droits de l'Église,

Malentendus sur ses devoirs,

Malentendus sur ses volontés,

Malentendus sur les résolutions du Gouvernement,

Malentendus sur ses intentions,

Malentendus sur toutes les libertés,

Malentendus sur toutes les nécessités.

Enfin, Monseigneur, malentendus sur tout, partout, et par tous !... Et pourquoi ?

Parce que les plus honnêtes, comme ceux qui le sont le moins, oublient que pour juger il faut étudier, écouter et se recueillir avant de prononcer ; parce que, lorsqu'on perd le calme indispensable pour apprécier, tout devient confusion et désordre dans les intelligences et dans les âmes !

Pourquoi donc ces terreurs de la liberté et ces cris de douleur de la religion ?... Ne semblerait-il pas que nous fussions menacés d'être ramenés au moyen âge, ou au temps des persécutions? On a battu le rappel dans la presse et sonné le tocsin à l'Église, comme si nous allions assister à un duel à mort entre la nuit du x° siècle et les clartés du xix°, comme si nous devions nous résigner à voir disparaître le christianisme ou sombrer la civilisation moderne décidément incompatibles !...

En vérité, Monseigneur, on s'étonne de tant de bruit à propos d'une lettre du pape aux évêques, où il leur trace leurs devoirs en récapitulant les décisions du saint-siége sur les théories nouvelles, dont quelques libéraux ne se contentent pas de faire des principes, et que le pape repousse comme des dogmes. Pardonnez-moi, Monseigneur, d'appeler l'encyclique *une lettre;* j'aurais dit *une circulaire,* si j'avais pu oublier les convenances et le respect. L'expression familière dont je me suis servi était à bonne intention ; elle prouve que j'ai vu, dans l'acte pontifical, plutôt les épanchements du cœur de Pie IX dans les cœurs de ses fils, que les arrêts du Vatican contre les erreurs que signale le vénérable pontife.

II

J'ai dit au commencement, Monseigneur, qu'il sortirait de ces tristesses des enseignements pour tous, et encore des renseignements utiles. Ils se dégagent chaque jour et ils n'échappent pas aux hommes qui réfléchissent. J'en ai déjà signalé quelques-uns, mais j'y vois encore la preuve :

Que lorsqu'on dit : « le christianisme se meurt, » il est plus vivace que jamais ;

Que lorsqu'on dit : « le pape baisse » il est plus viril qu'il y a quinze ans ;

Que nos libertés, proclamées depuis près d'un siècle, ne sont pas, malgré la profondeur de leurs racines, assez acclimatées pour ne pas s'inquiéter d'où vient le vent ;

Qu'à ces libertés, cependant, on ne saurait toucher aujourd'hui, sans produire en France une commotion électrique ;

Que les vieilles disputes dont on ne veut plus, renaissent à propos de tout et à propos de rien ;

Que personne n'y apporte cette « équité naturelle » dont tout le monde se vante, mais qu'on y vient avec ses préoccupations, ses rancunes et ses préventions.

J'y vois encore avec bonheur la fin des équivoques et des malentendus, dont j'ai signalé ailleurs les funestes effets en ces termes : « Il existe entre « l'Église et la liberté des malentendus que dé- « plorent tous les esprits à la fois libéraux et reli- « gieux, et qu'il est temps de faire cesser [1]. » Je soutenais alors la thèse difficile du libéralisme du clergé. Lorsque je dis *difficile*, c'est que je me place en face des préventions accréditées, et auxquelles n'ont pas échappé des hommes qui semblent ne pouvoir être accessibles qu'à la vérité. Je pourrais le prouver par de nombreux exemples. Je n'en citerai qu'un seul. M. Guizot a dit, dans le premier volume de ses mémoires : « Le mal qui s'est laissé « entrevoir sous la Restauration, et qui dure encore « malgré tant d'orages, c'est la *guerre déclarée par* « *une portion considérable de l'Église catholique de* « *France* à la société actuelle, à ses principes, à « son organisation politique et civile, à ses origines « et à ses tendances. » Lorsqu'un esprit aussi éclairé, lorsqu'une intelligence aussi haute, lors- qu'un homme aussi religieux que l'auteur des *Mé-*

[1] JUSTICE DE DIEU, p. 398.

ditations sur le christianisme, signale le mal en ces termes, et prend pour « une guerre déclarée par « une portion considérable de l'Église française, » les accidents, les ardeurs malheureuses, les imprudentes provocations, ou les inintelligentes explications de quelques membres du clergé qui s'égarent loin de l'Évangile, mais ne sont après tout que des exceptions dont l'Église de France ne peut être solidaire, il n'est pas étonnant que le public se soit alarmé à la lecture de l'encyclique.

Eh bien, Monseigneur, les malentendus actuels ont amené des explications qui, je l'espère, feront cesser les malentendus anciens, et ce ne sera pas le moindre bienfait de ce bruit et de cette confusion.

III

Je veux m'arrêter, Monseigneur, pour contempler avec vous la majesté sereine de ce saint pontife qui, « méprisant ses périls personnels, par- « donne à ses ennemis, n'est occupé que des enne- « mis de l'Église et des périls de la vérité [1]. »

Monseigneur de Montauban avait dit : « Que « Pie IX, à deux doigts de sa perte, parlait comme « les Boniface VIII et les Grégoire VII [2]. »

[1] Brochure, p. 10.
[2] Lettre au Ministre.

J'avoue que, malgré ma déférence envers Monseigneur de Montauban, j'ai regretté ces rapprochements sans pouvoir les comprendre. Non, la calme résignation de Pie IX dépouillé n'a rien de commun avec l'ambition fougueuse de Grégoire VII! Non, le pape qui ne remplit Rome que de bénédictions, ne peut rappeler par aucun côté celui qui la remplit de sang! Non, le vaincu du roi d'Italie ne parle pas le langage du violent adversaire de Philippe le Bel! Rappeler les noms des Boniface et des Grégoire, prêter leurs accents à Pie IX, c'est signaler des contrastes, ce n'est pas faire des rapprochements. C'est d'ailleurs, sans le vouloir, prêter le flanc à ceux qui crient encore contre les visées ambitieuses du saint-siége, que de montrer dans le moyen âge les deux pontifes qui ont prétendu, les armes à la main, élever leur autorité au-dessus des trônes et pouvoir en disposer.—Mais je m'attarde quand vous précipitez vos pas : je reviens à vous et à votre brochure.

IV

Vous commencez, Monseigneur, par revendiquer les droits de la grammaire latine et les droits du bon sens. En vous voyant distribuer des pensums et de longues oreilles à de vieux écoliers qui passaient pour des maîtres, les rieurs ont été de votre côté, et ce n'est pas un mince avantage. On a dit que ces messieurs n'auraient ni le prix de version ni le prix de théologie.

Vous avez, Monseigneur, avec une logique incontestable, marqué la distance qui sépare, dans les propositions, *la contraire, de la contradictoire et l'universelle, de l'absolue*. Vous avez aussi signalé les nuances qui peuvent faire que l'erreur touche à la vérité, mais sans jamais les réunir et encore moins permettre de les confondre? C'est à merveille, mais je doute que *le gros* des fidèles, comme dit Mᵉʳ d'Alger, ait compris, car ils n'entendent rien à cette langue. Quant à ceux qui la comprennent, ils ne sont pas toujours ceux qu'elle persuade. Il en est qui écoutent ce qui les *contredit*, mais qui n'ont pas d'oreilles pour ce qui les *contrarie*; — il en est qui ne croient pas que cette proposition *universelle*: «l'humanité est misérable!» soit assez *absolue* pour les atteindre, mais ils se refusent à comprendre que l'encyclique, dans toutes ses réprobations, n'excepte rien, parce qu'elle ne distingue pas, là où ils ne voudraient pas eux-mêmes de distinctions, mais dans un autre sens.

Ce que tout le monde a compris, Monseigneur, c'est la clarté de vos raisonnements et surtout la force de vos rapprochements et de vos citations.

Que peuvent répondre les libres penseurs qui revendiquent, au nom de la philosophie, les droits de la raison, lorsque la religion elle-même l'admet au partage des domaines dont on l'a dit exclusivement jalouse ? Je ne vois qu'une réponse possible, c'est de confesser l'ignorance ou l'oubli des quatre propositions proclamées par Pie IX en 1855. Pour moi, Monseigneur, en les lisant, j'ai dit à mon tour : « La cause est entendue », et je suis rentré dans ma foi tranquille, où j'ai trouvé plus forte l'alliance de la liberté humaine à l'autorité de la révélation. Je voudrais que pour toute réponse aux articles des journaux et aux alarmes du public, les évêques eussent fait imprimer, publier, placarder et enseigner partout les quatre propositions. On aurait peut-être conclu, dans quelques coins de la capitale, que le pape, en disant : « *L'usage de la raison précède la foi* », voulait interdire cet usage après la révélation. Le bon sens du public ne s'y serait pas trompé.

V

Aujourd'hui, Monseigneur, que la paix, ou tout au moins un armistice, semblent convenus sur les bases que vous avez proposées, j'allais dire imposées, je cherche vainement « l'armée » que vous avez cru défier et qui, si elle a existé, me paraît en déroute complète.

La Presse, dirigée par un publiciste distingué, qui aime la lutte et qu'on aime à y voir, bat en retraite. M. de Girardin, qui a demandé pour les évêques la liberté de tout dire, et pour le clergé la liberté d'avoir faim, — M. de Girardin qui se plaît aux extrêmes et que je me suis souvent étonné de rencontrer dans la zone tempérée, lorsqu'il aurait dû se plaire sous les tropiques ou vers les pôles, car, là, le froid et le chaud ne transigent jamais, — M. de Girardin qui veut pour ses théories l'autorité des dogmes, parce que sous sa plume elles en ont la fixité et quelquefois les séductions, — M. de Girardin, enfin, « le grand batailleur, » — on l'a dit de vous aussi, Monseigneur, — M. de Girardin a demandé qu'un écrivain ayant le temps, les moyens et le talent nécessaires pour vous répondre, se mesurât avec vous, et il s'est excusé de n'avoir rien de tout cela ; c'est trop de modestie. Quand on peut disposer de sa science, de son art, de sa plume, des colonnes de *la Presse*, et de tant d'immenses leviers, décliner sa compétence et s'arrêter aux exceptions, c'est reculer devant le débat.

Le Siècle s'est borné à se plaindre de votre ingratitude. M. Havin a rappelé « qu'il vous avait ouvert les deux battants de son immense publicité, » — ce qui est vrai. Puis il vous a dit, comme dans une comédie célèbre : « Puisque nous sommes « d'accord, embrassons-nous! » mais en paraissant redouter pour vous les arrêts de la congrégation de l'index, et un désaveu à Rome. La lettre de Son Éminence, le nonce, publiée dans la *Gazette de France*, a dû rassurer *le Siècle*.

Les Débats..., un peu étourdis de vos coups de férule, se sont réveillés, et, avec l'extrême prudence, l'extrême urbanité de cette feuille, M. John Lemoine, — dont on connaît les traits acérés, — vous a rappelé que si « tout était dit lorsque Rome a parlé, » votre devoir eût été de vous taire, mais qu'il n'aurait garde de jamais vous le dire lui-même.

La *Gazette de France* s'est réjouie de l'attitude qu'elle avait prise dès le premier jour.

Le Monde, enfin, si empressé à enregistrer les protestations de l'épiscopat, ne s'est résigné que d'un air boudeur à faire une petite place à vos interprétations. Je le comprends! Elles ne sont pas précisément les siennes, et, si M. Veuillot est à Rome, je doute que ses recommandations y aient contribué à vos succès.

Est-ce tout, Monseigneur? Je n'en sais rien; en

province on n'a pas les moyens de tout lire, et un président n'en aurait pas le temps. Je regrette surtout de n'avoir pu lire les articles de *la France*, qui doivent être aussi sagement pensés qu'élégamment écrits. Vous avez dit, Monseigneur, que ce journal était avec vous ; j'aurais dit, avec nous, si je pouvais avoir ici une place autre que celle que j'ambitionne, et qui convient à ma position comme à l'obscurité de mon nom.

Devez-vous, Monseigneur, attendre d'autres adversaires? Je n'en doute pas. A l'heure qu'il est, beaucoup aiguisent leur plume, et on a même parlé d'un lutteur digne de vous, par sa haute position, par la chaleur de ses convictions, comme par son immense talent. Peut-être se réservera-t-il pour un plus solennel débat, où il trouvera en face de lui les princes de l'Église; la cause de l'Italie pourra y gagner, mais la cause du catholicisme ne peut rien y perdre.

VI

Dois-je maintenant, Monseigneur, vous suivre dans vos interprétations, noter vos arguments, et demander acte de vos déclarations? dois-je répéter après le pape :

« Que la foi et la raison ont une commune et divine origine » [1] ;

Et après vous :

« Que l'Évangile est la grande loi du progrès, de la liberté et de la civilisation ; que l'Église, loin de répudier le véritable progrès, crie aux ouvriers de l'avenir : en avant ! et qu'elle ne réprouve que le faux libéralisme [2] ?

« Qu'elle proclame, avec Fénelon, qu'aucune
« puissance humaine ne peut forcer la liberté du
« cœur [3]. — Qu'elle ne veut forcer personne à croire,
« ni jamais imposer sa foi par la violence [4]. — Que
« le pape se borne à *des avertissements* et ne s'a-
« dresse qu'aux fidèles [5]. — Qu'il tolère à Rome
« la liberté des cultes et que les juifs y ont une
« synagogue et les protestants un temple [6]. —
« Mais que cela n'implique ni l'indifférentisme, ni
« l'impossibilité *morale* de l'erreur [7].

« Qu'enfin, loin de s'attaquer aux gouvernements
« du monde, l'Église ne demande qu'à remplir sa
« mission et à vivre en paix avec tous [8] ? »

Je m'arrête, Monseigneur. — Rendu à la tran-

[1] Proposition de 1855.
[2] Brochure, p. 119.
[3] Brochure, p. 120.
[4] Brochure, p. 128 ; [5] p. 131 ; [6] p. 123 ; [7] p. 125 ; [8] p. 137.

quillité un moment perdue, je répète avec conviction :

« Oui, l'Église veut dominer et commander, mais
« elle ne veut dominer que les passions et ne com-
« mander qu'aux âmes pour les mener au salut.
« Gardons nos libertés, mais gardons aussi la reli-
« gion de nos pères [1]. »

VII

Je veux en terminant, Monseigneur, dire quelques mots de cette vieille querelle : « Pourquoi l'Église se mêle-t-elle des questions politiques ? Son gouvernement n'est pas de ce monde. »

J'ai déjà répondu : « que j'admettais son intervention, non pour commander, mais pour conseiller. »

Je ne retranche rien à cette déclaration, je la complète. L'Église a, selon moi, incontestablement le droit « de tracer à la conscience de ses enfants « des règles sur les usages des choses tempo- « relles [2]. » Qui ne comprend, en effet, ce rôle maternel ? Le contester, n'est-ce pas nier à un père le droit le plus sacré : celui de donner partout à

[1] Voy. mon livre DE LA JUSTICE DE DIEU, p. 400.
[2] Brochure, p. 109.

son fils les conseils de son expérieuce et les avertissements de son cœur ? Sans doute, s'il est labou-
reur, le père ne pourra écrire des ordonnances de
médecin, ou diriger des procédures. Sans doute il ne
peut vouloir ce qu'il ne sait pas, sous prétexte d'é-
viter des périls ; mais ne peut-il toujours conseiller
la prudence, la sagesse et l'honneur ? Je dirai de
même : Sans doute, on ne gouverne pas les États
en tendant la joue à l'outrage, en enseignant le
mépris des richesses, la résignation aux souffrances
et le pardon des injures, mais nos lois en vau-
draient-elles moins si ces doctrines évangéliques
avaient toujours pénétré dans nos assemblées publiques, et inspiré nos législateurs ?

En professant ces principes, Monseigneur, je ne
fais qu'enseigner le respect à la constitution, à
moins qu'elle n'ait déclaré que les cardinaux n'a-
vaient de droit leur place au Sénat que pour qu'ils
pussent bénir les sénateurs et les entendre sans jamais se mêler aux débats. C'est méconnaître l'auteur et l'œuvre.

Enfin, Monseigneur, vous exprimez d'autres douleurs bien plus poignantes que celles qui vous sont
causées par ces disputes. Vous rappelez ce que
vous appelez « les tristesses contemporaines », ces
livres où on lit : « Point de Dieu, point d'âme,
« point de libre arbitre, pas de distinction entre

« le bien et le mal, entre le vrai et le faux, pas de
« vie future[1]. » Vous montrez ainsi le véritable
but de l'encyclique après l'avoir justifiée des fausses
interprétations. J'ai lu, Monseigneur, et combattu
quelques-unes de ces publications, que je trouve
aussi insensées que désolantes. J'avoue qu'elles ne
m'ont jamais inquiété. Je n'y ai vu, sous prétexte
des droits de la raison, que des outrages au bon
sens, dès lors peu dangereux. Je n'y ai vu que ce
qui surnage dans toutes les ébullitions, et ce qui
se dégage dans les fermentations. J'ai dit : laissons
passer ces choses malsaines et que le vent les em-
porte au plus vite ! Je n'espère pas, Monseigneur,
que l'encyclique arrête ces écarts de raison ; je
crains plutôt qu'en les condamnant elle ne les excite.
Il y eut dans tous les temps, et il y aura toujours
de « ces tristesses » dans le monde ! demandons à
celui qui rendait la vue aux aveugles, la lumière
pour ceux qui sont dans la nuit, et gardons-leur
plus de pitié que de colère.

[1] Brochure, p. 98.

CONCLUSION.

I

Prêtez-moi vos accents, Monseigneur, pour que je puisse m'écrier avec vous : *Elevons nos cœurs !* car ce n'est qu'en remontant vers Dieu qu'ils peuvent s'affranchir des vapeurs de la terre et des chaînes qui les compriment.

Oui, élevons nos cœurs et disons : *Gloire à Dieu !* mais répétons aussi : « *Paix aux hommes de bonne volonté !* »

Paix au christianisme! si grand, si divin, et si nécessaire au monde!

Paix à l'Église toujours victorieuse, toujours attaquée!

Paix au souverain pontife, si cruellement éprouvé et si saintement résigné!

Paix à l'Italie, qui renaît de ses cendres comme le phénix, et cherche comme Pompéi ses membres épars et mutilés !

Paix à la France, la *fille aînée de l'Eglise,* si dévouée et si fidèle à sa mère, depuis Clovis jusqu'à Napoléon III !

Paix à l'Empereur, si résolu devant les périls, si modeste dans les triomphes, si inébranlable dans ses résolutions et si sage dans sa marche constante vers la liberté !

Paix à ses ministres, qui cherchent, avec tant de constance et d'habileté, des moyens de conciliation entre les deux plus grands intérêts confiés à leur sollicitude !

Paix à nos libertés, si chèrement achetées, et aussi indispensables à nos cœurs que l'air à nos poumons et la gloire à notre patrie !

Paix à toutes les opinions, et même aux partis, que des regrets ou des rêves retiennent, mais qui bientôt viendront à nous pour s'unir sous le couronnement promis, et qui s'avance !

Ah ! si j'avais, comme vous, Monseigneur, cette voix qui remue les cœurs, cette autorité qui les soumet, ces séductions qui les subjuguent ! je voudrais crier à la France et à la catholicité : *confiance ! confiance !...* Mais il n'appartient qu'aux voix envoyées de Dieu, de jeter dans le monde ces exhortations suprêmes ! du moins il appartient à chacun de nous, de faire rayonner autour de soi la flamme qui le réchauffe et l'espérance qu'il caresse. Dût notre voix, à nous pauvres inconnus, ne pas

dépasser le cercle de nos amis, crions encore :
Confiance! et comme vous, Monseigneur, Justice!
Oui, justice pour tous! ces cris se répandront de
proche en proche, et, comme le fluide électrique,
ils se communiqueront jusqu'aux extrémités des
fils que Dieu a tendus sur la terre, et dont le réseau
s'appelle l'humanité !

Je suis, avec un profond respect,

Monseigneur,

Votre très-humble et très-obéissant serviteur,

L.-V. GASNE.

TABLE.